ΔΗΜΟΣΘΕΝΟΥΣ

ΕΠΙΤΑΦΙΟΣ ΛΟΓΟΣ.

DÉMOSTHÈNE,

ORAISON FUNÈBRE

DES GUERRIERS MORTS A CHERONÉE,

GREC-FRANÇAIS,

TRADUCTION D'AUGER.

NOUVELLE ÉDITION,

AVEC ANALYSE ET NOTES EN FRANÇAIS;

PAR E. LEFRANC.

PARIS,

DE L'IMPRIMERIE D'AUGUSTE DELALAIN,

LIBRAIRE-EDIT., rue des Mathurins-S.-Jacques, N°. 5.

M DCCC XXXIV.

DÉMOSTHÈNE,

ORAISON FUNÈBRE

DES GUERRIERS

MORTS A CHÉRONÉE.

ARGUMENT.

L'ÉLOQUENCE de Démosthène et les armes de Phocion avaient repoussé Philippe de la Thrace dont il voulait s'emparer. Tandis que le roi de Macédoine se dédommageait sur les Scythes de son infructueuse tentative, Eschine, qui s'était fait, à force d'intrigues, nommer Pylagore (membre du conseil amphictyonique), travaillait, au prix de l'or macédonien, à jeter de nouveau l'ambitieux monarque dans les affaires de la Grèce. Les Locriens d'Amphisse avaient labouré le champ Cirrhéen, consacré depuis deux siècles au dieu de Delphes. Les Amphictyons les condamnent comme sacriléges, et soudain commence la seconde guerre sacrée (l'an 338). Eschine, orateur adroit, détermine le conseil à confier le soin de la vengeance à celui qui paie ses paroles. Philippe est au comble de ses vœux; il vole en Locride, et, par une marche imprévue, s'empare d'Elatée, clef de la Phocide et de la Béotie. A cette nouvelle et sur la proposition de Démosthène, un traité d'alliance se conclut entre Athènes et Thèbes, à qui le danger commun fait oublier leurs rivalités. Quelques oracles sinistres ne refroidissent point l'ardeur guerrière des deux cités. *La Pythie philippise*, s'écrie Démosthène, et ce bon mot dissipe toutes les craintes..

Les deux armées ennemies se rencontrent près de Chéronée. Philippe commande l'aile droite, Alexandre son fils l'aile gauche. Le jeune prince enfonce le bataillon sacré des Thébains. Son père plie sous l'effort des Athéniens, qui, se croyant déjà victorieux, s'écrient : *Allons, poursuivons-les jusque dans la Macédoine.* Philippe, voyant que les Athéniens s'abandonnent en désordre à la poursuite des fuyards, dit froidement : *Les Athéniens ne savent pas vaincre.* Aussitôt il donne ordre à sa phalange de se replier, tombe sur ses imprudens ennemis et remporte une victoire décisive. Démosthène, plus vaillant orateur que soldat, jeta ses armes en fuyant. Philippe usa généreusement de la victoire ; il renvoya sans rançon les prisonniers athéniens; mais plus sévère à l'égard des Thébains, il mit une garnison dans la citadelle, et, par ce moyen adroit, il tint en respect les deux républiques qu'il venait de vaincre.

C'est dans de telles circonstances que Démosthène fut choisi par le peuple athénien pour prononcer, selon la coutume introduite par Périclès, l'Oraison funèbre des guerriers morts à Chéronée. Voici comment l'orateur, dans son *Discours sur la Couronne*, rend compte de ce choix qui ne s'accordait guère avec sa conduite très peu courageuse :

« C'est d'après mes conseils, Eschine, que la république a non seulement résolu, mais exécuté de grandes choses; mais elle n'a pas été ingrate. Lorsque, immédiatement après notre infortune, il a fallu choisir un orateur pour l'éloge funèbre de nos guerriers, le choix du peuple ne tomba ni sur toi, malgré ta voix sonore et malgré tes brigues, ni sur Démade qui venait de conclure la paix, ni sur Hégémon, ni sur beaucoup d'autres de ton parti; ce fut sur moi seul qu'il jeta les yeux. On vous vit alors, Pythoclès et toi, m'attaquer d'invectives, et avec quelle fureur, avec quelle impudence, grands dieux! Tu produisais, de concert avec cet homme, les griefs et les invectives que seul tu renouvelles en ce jour; mais le peuple, pénétrant vos desseins, n'en fut que plus ardent à confirmer son choix. Tu en sais la raison aussi bien que moi-même, je veux pourtant te la dire; c'est que les Athéniens connaissaient, d'une part, mon zèle patriotique et mon intégrité; de l'autre, vos iniquités et vos perfidies. Ces liaisons avec Philippe, que vous désavouâtes toujours dans les prospérités de la patrie, vous en conveniez dans ses disgrâces. Ils pensaient donc que des hommes à qui les calamités publiques n'étaient qu'une occasion de découvrir le fond de leur ame, ennemis secrets depuis long-temps, n'avaient attendu que le moment pour se déclarer. Ils ne croyaient pas qu'on dût confier l'éloge de nos illustres morts à celui qui avait logé sous le même toit [1] et participé aux mêmes sacrifices que leurs adver-

1 Après la bataille de Chéronée, Eschine avait été envoyé en ambassade vers Philippe, et avait assisté à un repas que ce prince avait donné à tous les députés de la Grèce, pour célébrer sa victoire.

saires, ni qu'on dût honorer dans Athènes ceux qui, en Macédoine, avaient célébré le désastre de la Grèce dans la joie et les festins à la table des meurtriers de leurs compatriotes. Ils ne voulaient pas qu'on déplorât le sort de nos héros avec des larmes feintes, ni qu'on jouât la douleur, en présence de ceux qui la ressentaient réellement; cette douleur sincère, ils la trouvaient en effet dans leur cœur, dans le mien, mais non dans le tien. Tels sont les motifs qui ont déterminé le suffrage du peuple. Les pères et les frères de nos guerriers malheureux, chargés du soin des obsèques, m'ont rendu la même justice. Il était d'usage que le banquet funèbre se fît chez le plus proche parent des morts, et c'est chez moi qu'ils le firent. J'ose dire qu'ils me devaient cette déférence; car si, par le sang, ils étaient plus unis à chacun d'eux en particulier, je l'étais plus que personne à tous en général par le sentiment. Oui, sans doute, le plus intéressé à leur salut et à leurs succès devait, dans l'affliction commune, sentir plus vivement qu'aucun autre une perte si digne de nos regrets et de nos larmes. »

Il est donc certain qu'après la bataille de Chéronée, Démosthène fut choisi par le peuple pour prononcer l'oraison funèbre des citoyens qui avaient péri dans cette journée si fatale à l'indépendance de la Grèce. Mais plusieurs critiques, entr'autres Libanius, croient que l'oraison funèbre qui se trouve dans ses œuvres, est trop faible pour être vraiment de lui. Sans doute Démosthène ne s'y élève pas à sa hauteur accoutumée; mais on ne réfléchit pas assez que le talent de Démosthène consistait en grande partie dans la puissance de sa logique. Vif à l'attaque comme à la défense, il l'était moins lorsqu'il n'avait pas à mettre en jeu ces argumens invincibles avec lesquels il terrassait ses adversaires. D'ailleurs, si, dans une oraison funèbre, l'éloquence dépend surtout de la chaleur et de la vivacité du sentiment, celui de Démosthène ne devait-il pas être refroidi et gêné par le souvenir de ses conseils funestes et de sa fuite déshonorante? Il ne faut pas croire cependant que le discours, rejeté par la critique à cause de sa faiblesse, soit entièrement dépourvu de beautés. Il a même un mérite dont manquent la plupart des autres discours de ce genre. L'orateur s'étend moins sur des objets étrangers à sa matière, et s'occupe davantage des guerriers.

ΔΗΜΟΣΘΕΝΟΥΣ.

ΕΠΙΤΑΦΙΟΣ ΛΟΓΟΣ.

§. 1. *L'orateur expose, dans son exorde, la difficulté du sujet, fondée principalement sur ce que les guerriers, dont il doit prononcer l'éloge funèbre, ont préféré mourir avec honneur que vivre témoins des calamités de la Grèce. Une telle vertu est au-dessus de toute louange. Il annonce ensuite qu'outre leur courage, il louera, dans les guerriers morts, leur naissance, leur éducation et la sagesse de leur conduite.*

ΕΠΕΙΔΗ τοὺς ἐν τῷ τάφῳ κειμένους, ἄνδρας ἀγαθοὺς ἐν τῷδε τῷ πολέμῳ γεγενημένους, ἔδοξε τῇ πόλει δημοσίᾳ [1] θάπτειν, καὶ προςέταξεν ἐμοὶ τὸν νομιζόμενον λόγον εἰπεῖν ἐπ' αὐτοῖς, ἐσκόπουν [2] μὲν εὐθὺς, ὅπως τοῦ προςήκοντος ἐπαίνου τεύξωνται· ἐξετάζων δὲ καὶ σκοπῶν ἀξίως εἰπεῖν τῶν τετελευτηκότων, ἕν τι τῶν ἀδυνάτων εὕρισκον ὄν. Οἳ γὰρ τὴν ὑπάρχουσαν πᾶσιν ἔμφυτον τοῦ ζῆν ὑπερεῖδον ἐπι-

1 Δημοσίᾳ θάπτειν. Les Athéniens distinguaient des funérailles publiques et des funérailles particulières. Les premières furent instituées par Périclès en l'honneur des guerriers morts sur le champ de bataille, dans la première année de la guerre du Péloponnèse (l'an 431). Trois jours d'avance, on exposait leurs ossemens dans une tente, et chacun les couvrait de fleurs, d'encens et de parfums. Le jour des funérailles, on mettait leurs restes dans douze cercueils de cyprès, traînés par autant de chariots, avec un autre chariot vide, qu'on appelait *cénotaphes*,

DÉMOSTHÈNE,

ORAISON FUNÈBRE.

§. 1. *L'orateur expose, dans son exorde, la difficulté du sujet, fondée principalement sur ce que les guerriers, dont il doit prononcer l'éloge funèbre, ont préféré mourir avec honneur que vivre témoins des calamités de la Grèce. Une telle vertu est au-dessus de toute louange. Il annonce ensuite qu'outre leur courage, il louera, dans les guerriers morts, leur naissance, leur éducation et la sagesse de leur conduite.*

La ville ayant résolu d'honorer d'une sépulture publique les citoyens qui, dans la dernière guerre, ont signalé leur bravoure, a jeté les jeux sur moi pour faire leur éloge suivant l'usage; j'ai donc examiné par quel moyen je pourrais réussir à les célébrer comme ils le méritent : mais plus j'y ai réfléchi, plus j'ai senti la difficulté d'une telle entreprise. Comment, en effet, louer dignement des hommes qui ont sacrifié une vie à laquelle nous sommes tous si fortement attachés, des hommes

pour ceux dont on n'avait pu trouver les corps. Le convoi arrivait ainsi au Céramique, faubourg d'Athènes, où se prononçait l'oraison funèbre.

2 'Εσκόπουν, Démosthène (si tant est qu'il soit l'auteur de cette oraison funèbre) dévait en effet être fort embarrassé.

θυμίαν [1], καὶ τελευτῆσαι καλῶς μᾶλλον ἠβουλήθησαν, ἢ ζῶντες τὴν Ἑλλάδα ἰδεῖν ἀτυχοῦσαν, πῶς οὐκ ἀνυπέρβλητον παντὶ λόγῳ τὴν αὐτῶν ἀρετὴν καταλελοίπασιν; ὁμοίως μέντοι διαλεχθῆναι τοῖς πρότερόν ποτε εἰρηκόσιν ἐνθάδ' εἶναί μοι δοκεῖ. Ὡς μὲν οὖν ἡ πόλις σπουδάζει περὶ τοὺς ἐν τῷ πολέμῳ τελευτῶντας, ἔκ τε τῶν ἄλλων ἐστὶν ἰδεῖν, καὶ μάλιστα ἐκ τοῦδε τοῦ νόμου, καθ' ὃν αἱρεῖται τὸν ἐροῦντα ἐπὶ ταῖς δημοσίαις ταφαῖς. Εἰδυῖα γὰρ παρὰ τοῖς χρηστοῖς ἀνδράσι τὰς μὲν τῶν χρημάτων κτήσεις, καὶ τὰς τῶν κατὰ βίον ἡδονῶν ἀπολαύσεις ὑπερεωραμένας, τῆς δ' ἀρετῆς καὶ τῶν ἐπαίνων πᾶσαν τὴν ἐπιθυμίαν οὖσαν, ἐξ ὧν ταῦτ' ἂν αὐτοῖς μάλιστα γένοιτο λόγων, τούτοις ᾠήθησαν δεῖν αὐτοὺς τιμᾶν, ἵν', ἣν ζῶντες ἐκτήσαντο εὐδοξίαν, αὕτη καὶ τετελευτηκόσιν αὐτοῖς ἀποδοθείη.

Εἰ μὲν οὖν τὴν ἀνδρίαν μόνον αὐτοῖς τῶν εἰς ἀρετὴν ἀνηκόντων ὑπάρχουσαν ἑώρων, ταύτην ἂν ἐπαινέσας, ἀπηλλαττόμην τῶν λοιπῶν [2]· ἐπειδὴ δὲ καὶ γεγενῆσθαι καλῶς, καὶ πεπαιδεῦσθαι σωφρόνως, καὶ βεβιωκέναι φιλοτίμως συμβέβηκεν αὐτοῖς, ἐξ ὧν εἰκότως ἦσαν σπουδαῖοι, αἰσχυνοίμην ἄν, εἴ τι τούτων φανείην παραλιπών.

§. 2. *L'orateur entre dans l'éloge des guerriers par celui de leur naissance. L'ancienneté de leur origine qui n'a été altérée par aucun mélange, l'avantage d'être autochthones, c'est-à-dire d'être nés du sol même où ils ont vécu, les grands exploits de leurs aïeux sur lesquels il passe légèrement, tels sont les premiers traits de leur éloge.*

Ἄρξομαι δ' ἀπὸ τῆς τοῦ γένους αὐτῶν ἀρχῆς. Ἡ

1 Τὴν ὑπάρχουσαν πᾶσιν ἔμφυτον τοῦ ζῆν ὑπερεῖδον ἐπιθυμίαν, ils ont méprisé ce sentiment naturel qui nous attache tous

qui ont préféré de mourir avec honneur, que de vivre témoins des calamités de la Grèce? Une pareille vertu n'est-elle pas au-dessus de tout éloge? Il faut cependant que je parle aujourd'hui, puisque d'autres, en pareille circonstance, l'ont déjà fait avant moi. Personne n'ignore combien la ville d'Athènes s'intéresse aux citoyens qui périssent dans les combats; ce qui le prouve surtout, c'est la loi qu'elle s'impose de choisir un orateur pour célébrer leur courage auprès des tombeaux que l'état leur décerne. Persuadée que les grandes ames, pleines de mépris pour les possessions des richesses et pour la jouissance des plaisirs passagers, n'estiment que la vertu, et ne désirent que les louanges; elle croit devoir les honorer par des éloges funèbres qui leur procurent ce qui fut toujours le principal objet de leurs vœux, et qui leur fassent trouver, après la mort, la gloire dont elles furent si jalouses pendant leur vie.

Si les guerriers que nous venons de déposer dans ces tombeaux, n'avaient eu d'autre mérite que celui de la valeur, je me bornerais à cet éloge; mais puisqu'à l'avantage d'une naissance distinguée et d'une éducation honnête, ils ont ajouté une conduite digne par sa sagesse de l'une et de l'autre, je rougirais de rien omettre de ce qu'ils ont eu de louable.

§. 2. *L'orateur entre dans l'éloge des guerriers par celui de leur naissance. L'ancienneté de leur origine qui n'a été altérée par aucun mélange, l'avantage d'être autochthones, c'est-à-dire d'être nés du sol même où ils ont vécu, les grands exploits de leurs aïeux sur lesquels il passe légèrement, tels sont les premiers traits de leur éloge.*

Je commence par leur origine, dont l'ancienneté

à la vie. Pour Démosthène, fugitif de Chéronée, ce devait être un grand sacrifice.

2 Ἀπηλλαττόμην τῶν λοιπῶν, mot à mot: je m'éloignerais du reste, c'est-à-dire, je me bornerais à cet éloge.

γὰρ εὐγένεια τῶνδε τῶν ἀνδρῶν ἐκ πλείστου χρόνου παρὰ πᾶσιν ἀνθρώποις ἀνωμολόγηται. Οὐ γὰρ μόνον εἰς πατέρ᾽ αὐτοῖς, καὶ τῶν ἄνω προγόνων κατ᾽ ἄνδρα ἀνενεγκεῖν ἑκάστῳ τὴν φύσιν ἐστίν· ἀλλ᾽ εἰς ὅλην κοινῇ τὴν ὑπάρχουσαν πατρίδα, ἧς αὐτόχθονες [1] ὁμολογοῦνται εἶναι. Μόνοι γὰρ πάντων ἀνθρώπων, ἐξ ἧςπερ ἔφυσαν, ταύτην ᾤκησαν, καὶ τοῖς ἐξ αὐτῶν παρέδωκαν. Ὥςτε δικαίως ἄν τις ὑπολάβοι, τοὺς μὲν εἰς τὰς ἐπήλυδας ἐλθόντας πόλεις, καὶ τούτων πολίτας προςαγορευομένους, ὁμοίους εἶναι τοῖς εἰςποιητοῖς [2] τῶν παίδων· τούτους δὲ γνησίους γόνῳ τῆς πατρίδος πολίτας εἶναι. Δοκεῖ δέ μοι καὶ τὸ [3] τοὺς καρποὺς, οἷς ζῶσιν ἄνθρωποι, παρ᾽ ἡμῖν πρώτοις φανῆναι, χωρὶς τοῦ μέγιστον εὐεργέτημ᾽ εἰς πάντας γενέσθαι, ὁμολογούμενον σημεῖον ὑπάρχειν τοῦ μητέρα τὴν χώραν εἶναι τῶν ἡμετέρων προγόνων. Πάντα [4] γὰρ τὰ τίκτοντα ἅμα καὶ τροφὴν τοῖς γιγνομένοις ἀπ᾽ αὐτῆς τῆς φύσεως φέρει· ὅπερ ἥδε ἡ χώρα πεποίηκε.

Τὰ μὲν οὖν εἰς γένος ἀνήκοντα, τοιαῦτα δι᾽ αἰῶνος ὑπάρχει τοῖς τῶνδε τῶν ἀνδρῶν προγόνοις. Τὰ δ᾽ εἰς ἀνδρίαν, καὶ τὴν ἄλλην ἀρετὴν, πάντα μὲν κατοκνῶ λέγειν, φυλαττόμενος, μὴ μῆκος ἄκαιρον ἐγγένηται

1 Αὐτόχθονες (αὐτός, même, χθών terre), Autochthones, c'est-à-dire sortis du sein de la terre ou indigènes. La plupart des anciens tenaient à honneur de passer pour Autochthones. Les Athéniens surtout, malgré l'histoire qui attestait que la plus grande portion de l'Attique avait été peuplée par des colonies égyptiennes, y tenaient encore plus que les autres. (V. mon Histoire ancienne, p. 175 et suiv.)

2 Τοῖς εἰςποιητοῖς τῶν παίδων, ne doivent être regardés que comme des enfans adoptifs de ces villes.

3 Τὸ τοὺς καρποὺς, κ. τ. λ. Ces fruits que notre terre fit naître de son sein fécond pour la nourriture de ses enfans et dont elle fit part ensuite aux autres hommes.

et la pureté ont été reconnues de tout temps par toutes les nations. Et ce n'est point de leur père ni de leurs aïeux qu'ils tenaient leur noblesse, mais de la patrie même dont ils étaient les vrais enfans. De tous les peuples, les Athéniens sont les seuls qui aient habité et laissé à leurs descendans la terre qui leur a donné naissance, de sorte que ceux qui s'établissent dans des villes étrangères, et qui en sont appelés citoyens, ne doivent être regardés que comme des enfans adoptifs de ces villes, en comparaison de nous qui sommes les enfans naturels et légitimes de la nôtre. Ces fruits, que notre terre fit naître de son sein fécond pour la nourriture de ses habitans, et dont elle fit part ensuite aux autres humains, sont à-la-fois le service le plus signalé que nous ayons pu leur rendre, et la preuve la moins équivoque que notre contrée est vraiment la mère de nos ancêtres. Il est dans la nature, que tout être qui produit par la voie de l'enfantement, porte en soi de quoi nourrir sa production; et c'est un avantage qu'on ne peut refuser à notre pays.

Telle est l'origine ancienne et incontestable des guerriers dont nous célébrons la mémoire. J'hésite à rapporter tout ce qui concerne la bravoure et les autres vertus de leurs aïeux, dans la crainte de passer les bornes d'un éloge. Je me contenterai donc de choisir les traits dont le récit ne puisse être

Les Grecs primitifs, qui n'eurent d'abord pour demeures que les forêts et les antres, ne se nourrissaient que des alimens les plus grossiers, de feuilles vertes, d'herbes et de racines. Sous l'Egyptien Erechthée, roi d'Athènes, vers 1471 avant J.-C., Triptolème, roi d'Eleusis en Attique, trouva l'art de semer et de récolter le blé. C'est de cette époque que date l'introduction en Grèce du culte de Cérès, l'Isis des Egyptiens.

4. Πάντα γὰρ τὰ τίκτοντα, κ. τ. λ. Il est dans la nature que tout être qui produit par la voie de l'enfantement, porte en soi de quoi nourrir sa production.

τῷ λόγῳ· ἃ δὲ καὶ τοῖς εἰδόσι χρήσιμα ἀναμνησθῆναι, καὶ τοῖς ἀπείροις κάλλιστα ἀκοῦσαι, καὶ ζῆλον ἔχει πολὺν [1], [καὶ] μῆκος λόγων ἄλυπον ἔχοντα, ταῦτα ἐπὶ κεφαλαίων εἰπεῖν πειράσομαι.

Οἱ γὰρ τῆς κατὰ τὸν παρόντα χρόνον γενεᾶς πρόγονοι καὶ πατέρες, καὶ τούτων ἐπάνω τὰς προσηγορίας ἔχοντες, αἷς ὑπὸ τῶν ἐν γένει γνωρίζονται, ἠδίκησαν [2] μὲν οὐδένα πώποτε οὔτε ἕλληνα, οὔτε βάρβαρον, ἀλλ' ὑπῆρχεν αὐτοῖς, πρὸς ἅπασι τοῖς ἄλλοις καλοῖς κἀγαθοῖς καὶ δικαιοτάτοις εἶναι· ἀμυνόμενοι δὲ, πολλὰ καὶ λαμπρὰ διεπράξαντο. Καὶ γὰρ τὸν Ἀμαζόνων στρατὸν ἐλθόντα ἐκράτησαν [3] οὕτως, ὥστ' ἔξω Φάσιδος [4] ἐκβαλεῖν· καὶ τὸν Εὐμόλπου [5], καὶ πολλῶν ἄλλων στόλον οὐ μόνον ἐκ τῆς οἰκείας, ἀλλὰ καὶ ἐκ τῆς τῶν ἄλλων Ἑλλήνων χώρας ἐξήλασαν· οὓς οἱ πρὸ ἡμῶν οἰκοῦντες πρὸς ἑσπέραν πάντες οὔθ' ὑπέμειναν, οὔτ' ἠδυνήθησαν κωλῦσαι. Καὶ μὴν καὶ

1 Καὶ ζῆλον ἔχει πολὺν, κ. τ. λ. et propre à exciter une vive émulation.

2 Ἠδίκησαν μὲν οὐδένα. Cela est fort peu exact. On sait en effet que l'affreux tribut du Minotaure, imposé par Minos II aux Athéniens, n'était qu'une punition de leurs pirateries.

3 Καὶ τὸν Ἀμαζόνων στρατὸν ἐλθόντα ἐκράτησαν. Le vainqueur des Amazones est le même Thésée qui délivra Athènes du honteux tribut qu'elle payait au roi de Crète.

Les Amazones étaient originaires de l'Asie mineure, où elles vécurent d'abord avec leurs époux sans former un peuple de femmes indépendantes et isolées. Arrachées la plupart par une flotte grecque à leurs époux et à leur patrie, elles massacrèrent leurs ravisseurs pendant la traversée. La tempête les poussa jusque sur les bords du Palus-Méotide où elles s'établirent. Celles qui étaient restées dans l'Asie mineure, contraignirent les hommes à faire les travaux des femmes, conquirent quelques villes voisines et en fondèrent plusieurs, entre autres Ephèse, Smyrne,

qu'utile à ceux qui les connaissent, agréable à ceux qui les ignorent, et propre à exciter une vive émulation sans fatiguer l'esprit par trop de longueur. Je vais essayer de recueillir ces traits, et de les renfermer dans un court espace.

Les pères et les aïeux de la génération présente, et nos ancêtres les plus éloignés, ne se permirent jamais d'injustices envers les Grecs ni envers les Barbares, et joignirent une équité rare à toutes les qualités qui les distinguaient. Jaloux de réprimer la violence, mille exploits mémorables signalèrent leur bravoure. Ils vainquirent l'armée des Amazones qui étaient venues les attaquer, et les poursuivirent jusqu'au-delà du Phase. Ils chassèrent non seulement de leur pays, mais de la Grèce entière, les troupes innombrables d'Eumolpe et de plusieurs autres, que tous les peuples qui sont avant nous n'avaient pu, avec toutes leurs forces réunies, ni repousser, ni arrêter. Et ensuite, lorsque les enfans d'Hercule vinrent, en supplians, se réfugier

Thyatire, Magnésie, et Themiscyre leur capitale, près du Thermodon. Elles étendirent bientôt leurs conquêtes d'une part jusqu'aux frontières de la Syrie, de l'autre au-delà du Tanaïs, et se réunirent à leurs anciennes compatriotes. Elles se signalèrent encore par trois grandes expéditions, l'une dans l'Attique contre Thésée, qui les vainquit, et épousa leur reine Antiope; les deux autres du temps du siége de Troie (1280-1270 avant J.-C.).

4 Ἔξω Φάσιδος, au-delà du *Phase* (Rion), fleuve de la Colchide, qui se jette dans le *Pont-Euxin* (mer Noire).

5 Καὶ τὸν Εὐμόλπου... Eumolpe était un chef Thrace qui envahit l'Attique sous le règne d'Erechthée. Il institua les mystères d'Eleusis où l'on conservait à la fois les secrets de l'agriculture, la notion d'un dieu suprême et unique, etc. Jaloux de la grandeur d'Athènes, il marcha contre le roi de cette ville. La guerre fut longue et opiniâtre. Eumolpe périt dans un combat. Les Athéniens, pour terminer les différends des familles de ces deux princes, donnèrent la couronne à celle d'Erechthée, et le sacerdoce aux descendans d'Eumolpe qui en jouirent pendant douze cents ans sous le titre des *Eumolpides*.

τῶν Ἡρακλέους παίδων [1], ὃς τοὺς ἄλλους ἔσωζε, σωτῆρες ὠνομάσθησαν, ἡνίκα ἦλθον εἰς τήνδε τὴν γῆν ἱκέται, φεύγοντες Εὐρυσθέα. Καὶ πρὸς πᾶσι τούτοις, καὶ πολλοῖς ἄλλοις καὶ καλοῖς ἔργοις, τὰ τῶν κατοιχομένων νόμιμα οὐ περιεῖδον ὑβριζόμενα, ὅτε τοὺς Ἑπτὰ ἐπὶ Θήβας [2] θάπτειν ἐκώλυε Κρέων.

Τῶν μὲν οὖν εἰς μύθους [3] ἀνηνεγμένων ἔργων πολλὰ παραλιπὼν, τούτων ἐπεμνήσθην, ὧν οὕτως ἕκαστον εὐσχήμονας καὶ πολλοὺς ἔχει λόγους, ὥστε καὶ τοὺς ἐμμέτρους, καὶ τοὺς τῶν ᾀδομένων ποιητὰς, καὶ πολλοὺς τῶν συγγραφέων [4], ὑποθέσεις τὰ ἐκείνων ἔργα τῆς αὐτῶν μουσικῆς πεποιῆσθαι. Ἃ δὲ τῇ μὲν ἀξίᾳ τῶν ἔργων οὐδέν ἐστι τούτων ἐλάττω, τῷ δ' ὑπογυιότερ' εἶναι τοῖς χρόνοις οὔπω μεμυθολόγηται, οὐδ' εἰς τὴν ἡρωϊκὴν ἐπανῆκται τάξιν, ταῦτ' ἤδη λέξω.

Ἐκεῖνοι τὸν ἐξ ἁπάσης τῆς Ἀσίας στόλον ἐλθόντα μόνοι δὶς [5] ἠμύναντο καὶ κατὰ γῆν καὶ κατὰ θάλατταν, καὶ διὰ τῶν ἰδίων κινδύνων κοινῆς σωτηρίας πᾶσι τοῖς Ἕλλησιν αἴτιοι κατέστησαν. Καὶ προείρηται μὲν, ὃ μέλλω λέγειν, ὑπ' ἄλλων πρότερον· δεῖ δὲ μηδὲ νῦν τοῦ δικαίου καὶ καλῶς ἔχοντος ἐπαίνου τοὺς ἄνδρας ἐκείνους στερηθῆναι. Τοσοῦτον γὰρ ἀμείνους τῶν ἐπὶ Τροίαν στρατευσαμένων νομίζοιντ' ἂν εἰκό-

1 Τῶν Ἡρακλέους παίδων. Les Héraclides, chassés de Tirynthe et du Péloponnèse par Eurysthée, se refugièrent d'abord dans la Trachinie et ensuite dans l'Attique où ils furent accueillis par Thésée, qui alors vivait encore (1308).

2 Τοὺς Ἑπτὰ ἐπὶ Θήβας θάπτειν ἐκώλυε Κρέων. Dans la guerre d'Etéocle et de Polynice, les Sept Chefs furent vaincus dans un combat, où ils périrent tous, excepté Adraste. Créon défendit de donner la sépulture aux Argiens; mais Thésée le contraignit à accorder une trève à Adraste pour rendre les devoirs funèbres à ceux qui avaient péri.

3 Εἰς μύθους, les Anciens distinguaient, comme nous, les temps fabuleux, les temps héroïques et les temps historiques;

dans notre ville, nos ancêtres ne méritèrent-ils pas d'être appelés les vengeurs des fils de ce héros, qui avait vengé les injures d'autrui? A tous ces exploits et à plusieurs autres non moins fameux, ajoutons qu'ils empêchèrent qu'on ne violât les droits des morts, lorsque Créon s'opposait à ce qu'on inhumât les guerriers d'Argos, qui avaient péri sous les murs de Thèbes.

Je supprime beaucoup d'exploits dont la fable nous a transmis le souvenir : chacun de ceux dont j'ai fait mention, fournit matière aux plus beaux éloges, et une matière si riche, qu'elle a exercé les talens des poëtes et des orateurs qui les ont pris à l'envi pour sujets de leurs ouvrages. Il en est d'autres que je vais rapporter, qui, sans être moins éclatans que ceux dont je parle, n'ont pas encore été consignés dans les annales de la fable, ni mis au rang des faits héroïques, parce que la mémoire en est plus récente.

Nos pères ont vaincu seuls deux fois, sur l'un et l'autre élément, des troupes de barbares rassemblées de plusieurs nations, et ont sauvé toute la Grèce à leurs propres périls. J'appréhende de répéter ce que l'on a déjà dit avant moi; mais cette crainte ne doit pas m'empêcher de payer à de grands hommes le tribut de louanges qui leur est dû. Bien supérieurs aux héros vainqueurs de Troie, qui,

mais ils ne regardaient pas comme faux tous les faits rapportés par la fable. Plusieurs étaient reconnus pour des faits de la plus haute antiquité, transmis par une tradition certaine et recueillis dans les écrits des poètes.

4 Πολλοὺς τῶν συγγραφέων. Les faits déjà cités et les autres que l'orateur passe sous silence, sont rapportés avec détail dans le discours d'Isocrate, intitulé le *Panégyrique* d'Athènes.

5 Ἐκεῖνοι... δὶς ἠμύναντο. Allusion à la bataille de Marathon (490 avant J.-C.), et à celle de Salamine (480 avant J.-C.), dans lesquelles les Athéniens eurent la plus grande part à la victoire.

τως, ὅσον οἱ μὲν ἐξ ἁπάσης τῆς Ἑλλάδος ὄντες ἀριστεῖς, δέκα ἔτη τῆς Ἀσίας ἓν χωρίον πολιορκοῦντες, μόλις εἷλον· οὗτοι δὲ τὸν ἐκ πάσης τῆς ἠπείρου στόλον ἐλθόντα μόνοι, τἄλλα πάντα κατεστραμμένον, οὐ μόνον ἠμύναντο, ἀλλὰ καὶ τιμωρίαν, ὑπὲρ ὧν τοὺς ἄλλους ἠδίκουν, ἐπέθηκαν. Ἔτι τοίνυν τὰς ἐν αὐτοῖς τοῖς Ἕλλησι πλεονεξίας κωλύοντες [1], πάντας, ὅσους συνέβη γενέσθαι, κινδύνους ὑπέμειναν, ὅπου τὸ δίκαιον εἴη τεταγμένον, ἐνταῦθα προςνέμοντες ἑαυτούς, ἕως εἰς τὴν νῦν ζῶσαν ἡλικίαν ὁ χρόνος προήγαγεν ἡμᾶς.

Μηδεὶς δ᾽ ἡγείσθω με ἀπορροῦντα, ὅ τι χρὴ περὶ τούτων εἰπεῖν ἑκάστου, ταῦτα τὰ πραχθέντα ἀπηριθμηκέναι. Εἰ γὰρ ἁπάντων ἀμηχανώτατος ἦν, ὅ τι χρὴ λέγειν, πορίσασθαι, ἡ ἐκείνων ἀρετὴ πολλὰ καλὰ δίδωσιν αὐτὴ εἰπεῖν καὶ πρόχειρα, ἃ ῥᾴδιον μέν ἐστι διελθεῖν. Ἀλλὰ προαιροῦμαι, τῆς εὐγενείας, καὶ τῶν παρὰ τοῖς προγόνοις μεγίστων μνησθείς, ὡς τάχιστα [2] συνάψαι τὸν λόγον πρὸς τὰ τοῖςδε πεπραγμένα, ἵν᾽, ὥςπερ τὰς φύσεις ἦσαν συγγενεῖς, οὕτω καὶ τοὺς ἐπαίνους ἐπ᾽ αὐτῶν κοινοὺς ποιήσωμαι· ὑπολαμβάνων ταῦτ᾽ ἂν εἶναι κεχαρισμένα κἀκείνοις, καὶ μάλιστ᾽ ἀμφοτέροις, εἰ τῆς ἀλλήλων ἀρετῆς μὴ μόνον τῇ φύσει μετάσχοιεν, ἀλλὰ καὶ τοῖς ἐπαίνοις.

§. 3. *Avant de parler plus particulièrement des guerriers morts, l'orateur s'arrête pour solliciter la bienveillance des auditeurs. Dans cette demande, il se fonde principalement sur ce qu'il n'a que la parole, au lieu de combats de chars et d'athlètes, pour honorer les tombeaux des victimes.*

Ἀνάγκη δ᾽ ἐν τῷ μεταξὺ διαλαβεῖν, καὶ πρὸ τοῦ

1 Πλεονεξίας κωλύοντες... De plus, pour arrêter les entreprises ambitieuses de quelques cités grecques contre leurs compatriotes.

formant l'élite de toute la Grèce, prirent à peine en dix ans une seule ville d'Asie, nos pères ont triomphé seuls de tous les peuples de l'Asie, qui avaient tout subjugué sur leur passage; ils les ont repoussés de leur contrée, et ont vengé les maux qu'avaient éprouvés de leur part les autres Grecs. De plus, pour arrêter les entreprises ambitieuses de quelques cités grecques contre leurs compatriotes, ils n'ont cessé dans tous les temps, jusqu'à nos jours, de soutenir une infinité de combats, se faisant une loi invariable de se ranger du parti de la justice.

Et qu'on ne s'imagine pas que, faute de pouvoir m'étendre sur tous ces faits, j'ai passé légèrement sur chacun d'eux. Quand je serais le moins propre des hommes à traiter un sujet dans une juste étendue, la vertu de nos ancêtres offre d'elle-même une foule de grands traits, qu'il est facile de présenter dans un discours. Mais, en parlant de la naissance distinguée de nos guerriers morts, et des grands exploits de leurs aïeux, j'ai voulu rapprocher, le plus qu'il m'était possible, les actions des uns et des autres, afin d'honorer des mêmes éloges et de faire jouir mutuellement de leurs vertus, des hommes qui avaient la même origine, persuadé que rien ne pouvait être plus agréable à nos illustres ancêtres, et à leurs dignes descendans, dont nous célébrons les obsèques.

§. 3. *Avant de parler plus particulièrement des guerriers morts, l'orateur s'arrête pour solliciter la bienveillance des auditeurs. Dans cette demande, il se fonde principalement sur ce qu'il n'a que la parole, au lieu de combats de chars et d'athlètes, pour honorer les tombeaux des victimes.*

Avant de m'occuper de ces derniers, je dois

2 Ὡς τάχιστα συνάψαι, κ. τ. λ. J'ai voulu rapprocher, le plus qu'il m'était possible, les actions des uns et des autres.

τὰ τοῖςδε πεπραγμένα τοῖς ἀνδράσι δηλοῦν, καὶ τοὺς ἔξω τοῦ γένους πρὸς τὸν τάφον ἠκολουθηκότας πρὸς εὔνοιαν παρακαλέσαι. Καὶ γὰρ εἰ μὲν εἰς χρημάτων δαπάνην, ἤ τινα ἄλλην θεωρίαν ἱππικῶν, ἢ γυμνικῶν ἄθλων ἐτάχθην κοσμῆσαι τὸν τάφον, ὅσωπερ ἂν προθυμότερον καὶ ἀκριβέστερον τοῦτο παρεσκευάσμην, τοσούτῳ μᾶλλον ἂν προςήκοντα ἔδοξα πεποιηκέναι· λόγῳ δ' ἐπαινέσαι τούςδε τοὺς ἄνδρας αἱρεθεὶς, ἐὰν μὴ τοὺς ἀκούοντας συμβουλομένους λάβω, φοβοῦμαι [1], μὴ τῇ προθυμίᾳ τοὐναντίον, οὗ δεῖ, ποιήσω. Ὁ μὲν γὰρ πλοῦτος, καὶ τὸ τάχος, καὶ ἡ ἰσχὺς, καὶ ὅσα ἄλλα τούτοις ὅμοια, αὐτάρεις ἔχει τὰς ὀνήσεις τοῖς κεκτημένοις, καὶ κρατοῦσιν ἐν αὐτοῖς, οἷς ἂν παρῇ, κἂν μηδεὶς τῶν ἄλλων βούληται. Ἡ δὲ τῶν λόγων πειθὼ τῆς τῶν ἀκουόντων εὐνοίας προςδεῖται· καὶ μετὰ μὲν ταύτης, κἂν μετρίως ῥηθῇ, δόξαν ἤνεγκε, καὶ χάριν προςποιεῖ· ἄνευ δὲ ταύτης, κἂν ὑπερβάλῃ τῷ λέγειν καλῶς, προςέστη τοῖς ἀκούουσι.

§. 4. *Embarrassé de choisir dans les louanges que méritent les guerriers morts, l'orateur s'arrête à l'ordre naturel. Il commence par leur enfance pour les suivre jusqu'au trépas; il dit peu de chose sur leur éducation et sur leur sagesse, réservant pour leur courage les principaux développemens de son discours.*

Πολλὰ τοίνυν ἔχων εἰπεῖν ὧν οἵδε πράξαντες δικαίως ἐπαινεθήσονται, ἐπειδὴ πρὸς αὐτοῖς εἰμὶ τοῖς ἔργοις, ἀπορῶ, τί πρῶτον εἴπω· προϊστάμενα γὰρ

1 Φοβοῦμαι κ. τ. λ. (Mais choisi pour célébrer par un discours les citoyens que nous regrettons), je craindrais, si je ne me

m'arrêter, pour solliciter la bienveillance de ceux qui, sans leur être unis par les liens du sang, ont assisté à leurs funérailles, et se sont rassemblés auprès de leurs tombeaux. Si j'eusse été chargé d'honorer ces tombeaux par des combats de chars et d'athlètes, et par d'autres spectacles qui se donnent à grands frais, plus j'aurais apporté de soin et montré d'ardeur dans les préparatifs, plus j'aurais été sûr de plaire à mes compatriotes. Mais, dans le dessein de célébrer, par un discours, les citoyens que nous regrettons, si je ne me rendais les auditeurs favorables, je craindrais de leur déplaire d'autant plus que j'aurais déployé plus de zèle. L'opulence, la force, la vitesse, tous les avantages de cette nature sont propres par eux-mêmes à nous obtenir la victoire, indépendamment de la volonté des autres hommes; mais, pour réussir, l'orateur, outre le talent de la parole, a encore besoin que ceux qui viennent l'entendre, veuillent bien l'écouter. Avec leur bienveillance, quand même il ne parlerait que d'une façon médiocre, il est sûr d'intéresser et de se faire un nom; sans elle, avec l'éloquence la plus sublime, il ennuiera toujours.

§. 4. *Embarrassé de choisir dans les louanges que méritent les guerriers morts, l'orateur s'arrête à l'ordre naturel. Il commence par leur enfance pour les suivre jusqu'au trépas; il dit peu de chose sur leur éducation et sur leur sagesse, réservant pour leur courage les principaux développemens de son discours.*

Les guerriers dont je vais faire l'éloge, nous fournissent une ample matière de louanges; mais, prêt à remplir cette tâche honorable, j'ignore par où je dois commencer. Tout se présente à-la-fois,

rendais les auditeurs favorables, de leur déplaire d'autant plus que j'aurais montré plus de zèle.

[μοι] πάντα εἰς ἕνα καιρὸν, δύσκριτον καθίστησί μοι τὴν αἵρεσιν αὐτῶν. Οὐ μὴν ἀλλὰ πειράσομαι τὴν αὐτὴν ποιήσασθαι τοῦ λόγου τάξιν, ἥπερ ὑπῆρξε τοῦ βίου τούτοις.

Οἵδε γὰρ ἐξαρχῆς ἐν πᾶσι τοῖς παιδεύμασιν ἦσαν ἐπιφανεῖς, τὰ πρέποντα καθ' ἡλικίαν ἀσκοῦντες [1] ἑκάστην, καὶ πᾶσιν ἀρέσκοντες, οἷς χρὴ, γονεῦσι, φίλοις, οἰκείοις. Τοιγαροῦν, ὥσπερ ἴχνη, γνωρίζουσα νῦν ἡ τῶν οἰκείων αὐτοῖς καὶ φίλων μνήμη, πᾶσαν ὥραν ἐπὶ τούτους φέρεται τῷ πόθῳ, πολλὰ ὑπομνήματα λαμβάνουσα, ἐν οἷς συνῄδει τούτοις ἀρίστοις οὖσιν. Ἐπειδὴ δὲ εἰς ἄνδρας ἀφίκοντο [2], οὐ μόνον τοῖς πολίταις γνώριμον τὴν αὐτῶν φύσιν, ἀλλὰ καὶ πᾶσιν ἀνθρώποις [3] κατέστησαν. Ἔστι γὰρ, ἔστιν ἁπάσης ἀρετῆς ἀρχὴ μὲν, σύνεσις· πέρας δὲ, ἀνδρία· καὶ τῇ μὲν δοκιμάζεται, τί πρακτέον ἐστὶ, τῇ δὲ σώζεται. Ἐν τούτοις ἀμφοτέροις οἵδε πολὺ διήνεγκαν. Καὶ γὰρ εἴ τις ἐφύετο κοινὸς πᾶσι κίνδυνος τοῖς Ἕλλησιν, οὗτοι πρῶτοι προείδοντο [4], καὶ πολλάκις εἰς σωτηρίαν ἅπαντας παρεκάλεσαν· ὅπερ γνώμης ἀπόδειξίς ἐστιν εὖ φρονούσης. Καὶ τῆς παρὰ τοῖς Ἕλλησιν ἀγνοίας μεμιγμένης κακίᾳ, ὅτ' ἐνῆν ταῦτα κωλύειν ἀσφαλῶς, τὰ μὲν οὐ προορώσης, τὰ δ' εἰρωνευομένης, ὅμως, ἡνίχ' ὑπήκουσαν [5], καὶ τὰ δέοντα ποιεῖν ἠθέλησαν, οὐκ ἐμνησικάκησαν· ἀλλὰ προστάντες, καὶ παρασχόντες

1 Ἀσκοῦντες, se livrant aux exercices convenables à leur âge.

2 Ἐπειδὴ δὲ εἰς ἄνδρας ἀφίκοντο, parvenus à l'âge viril.

3 Τοῖς πᾶσιν ἀνθρώποις, à tous les hommes (de la Grèce), c'est-à-dire, à tous les Grecs.

4 Οὗτοι πρῶτοι προείδοντο. Les premiers, ils ont aperçu l'orage qui menaçait la Grèce. Les Athéniens, animés par les discours véhémens de Démosthène, n'avaient cessé de s'opposer aux projets de Philippe, et d'exhorter les autres peuples de la Grèce à réprimer l'ambition de ce monarque.

et me laisse dans l'embarras de choisir. Au reste, pour observer l'ordre le plus naturel, je commencerai par leur enfance, et je les suivrai jusqu'à leur trépas.

Dès leur première jeunesse, on les vit se distinguer par leur goût pour toute espèce d'instructions, se livrant aux exercices convenables à leur âge, et cherchant à plaire à leurs parens, à leurs égaux, à tous ceux enfin qui les approchaient. Ceux-ci qui ont sous les yeux et dans la mémoire les preuves les plus touchantes de leur mérite et de leur tendresse, sensibles à leur perte, regrettent à chaque instant les douceurs et les avantages qu'ils en attendaient pour la suite. Parvenus à l'âge viril, nos guerriers firent bientôt connaître l'excellence de leur naturel, non seulement à leurs concitoyens, mais encore à tous les Grecs. La sagesse est le principe de toute vertu, le courage en est la perfection : l'une nous enseigne la route, l'autre nous y affermit. Aussi, est-ce par ces deux qualités essentielles qu'ils se sont signalés. Les premiers, ils ont aperçu l'orage qui menaçait la Grèce. Souvent ils ont exhorté les divers peuples qui la composent, à sauver le corps de la nation : marque certaine d'une rare prévoyance. Quoique ces peuples, soit par ignorance, soit par lâcheté, ou ne vissent pas les maux, ou affectassent de ne les pas voir, lorsqu'il eût été facile de les prévenir ; cependant, dès qu'ils se furent rendus aux conseils des Athéniens, ceux-ci, disposés à les défendre vaillamment, ou-

5 Ἡνίχ' ὑπήκουσαν, dès qu'ils se furent rendus aux conseils des Athéniens. L'orateur insiste beaucoup sur ce point, comme il convenait à Démosthène de le faire. Phocion, beaucoup plus habile homme d'état que lui, avait tâché, au contraire, de porter les Athéniens à la paix ; mais les conseils de la prudence furent oubliés pour ceux de la passion.

ἅπαντα προθύμως, καὶ σώματα, καὶ χρήματα, καὶ συμμάχους, εἰς πεῖραν ἦλθον ἀγῶνος, εἰς ὃν οὐδὲ τῆς ψυχῆς ἐφείσαντο.

§. 5. *L'orateur s'étend avec éloquence sur le courage des guerriers morts; il en montre les effets tant sur les Grecs que sur les Macédoniens. La cause en est, selon lui, dans le gouvernement démocratique sous lequel ils ont vécu.*

Ἐξ ἀνάγκης δὲ συμβαίνει, ὅταν μάχη γίγνηται, τοῖς μὲν, ἡττᾶσθαι· τοῖς δὲ, νικᾶν. Οὐκ ἂν ὀκνήσαιμι δ' εἰπεῖν, ὅτι μοι δοκοῦσιν οἱ τελευτῶντες [1] ἑκατέρων ἐν τάξει, τῆς μὲν ἥττης οὐ μετέχειν, νικᾶν δὲ ὁμοίως ἀμφότεροι. Τὸ μὲν γὰρ κρατεῖν ἐν τοῖς ζῶσιν, ὡς ἂν ὁ δαίμων παραδῷ, κρίνεται· ὃ δ' εἰς τοῦτο ἕκαστον ἔδει παρασχέσθαι, πᾶς ὁ μένων ἐν τάξει πεποίηκεν· εἰ δὲ, θνητὸς ὢν, τὴν εἱμαρμένην ἔσχε, τῇ τύχῃ πέπονθε τὸ συμβαῖνον, οὐχὶ τὴν ψυχὴν ἥττηται τῶν ἐναντίων. Νομίζω [2] τοίνυν καὶ τοῦ τῆς χώρας ἡμῶν μὴ ἐπιβῆναι τοὺς πολεμίους, πρὸς τῇ τῶν ἐναντίων ἀγνωμοσύνῃ, τὴν τούτων ἀρετὴν αἰτίαν γεγενῆσθαι· κατ' ἄνδρα γὰρ πεῖραν εἰληφότες οἱ τότε συμμίξαντες ἐκεῖ, οὐκ ἠβούλοντο αὖθις εἰς ἀγῶνα καθίστασθαι τοῖς ἐκείνων οἰκείοις, ὑπολαμβάνοντες ταῖς μὲν φύσεσι ταῖς ὁμοίαις ἀπαντήσεσθαι, τύχην δὲ οὐκ εὔπορον εἶναι τὴν ὁμοίαν λαβεῖν. Δηλοῖ δὲ οὐχ ἥκιστα, ὅτι ταῦτα οὕτως ἔχει [3], καὶ τὰ τῆς γεγονυίας εἰρήνης.

1 Οἱ τελευτῶντες, cette pensée est fort belle; mais il faut bien entendre qu'il ne s'agit ici que de ceux qui meurent à leur poste, comme cela est expliqué plus bas Πᾶς ὁ μένων ἐν τάξει.

2 Νομίζω. κ. τ. λ. On croyait que Philippe, après la bataille de Chéronée, passerait dans l'Attique et viendrait attaquer Athènes; mais il s'arrêta contre l'attente de tout le monde, et même il accorda la paix aux Athéniens qui la lui envoyèrent demander.

blièrent tout sujet de plaintes, se mirent à leur tête; et, leur abandonnant sans réserve leurs personnes, leurs fortunes, leurs alliés, ils tentèrent le sort d'une action, où ils n'épargnèrent pas leur vie.

§. 5. *L'orateur s'étend avec éloquence sur le courage des guerriers morts; il en montre les effets tant sur les Grecs que sur les Macédoniens. La cause en est, selon lui, dans le gouvernement démocratique sous lequel ils ont vécu.*

Sans doute, dans un combat il faut qu'il y ait des vainqueurs et des vaincus : mais je ne craindrai pas d'assurer que, dans l'une ou l'autre armée, la défaite n'est point pour les guerriers qui meurent à leur poste : ils sont tous également victorieux. Parmi ceux qui échappent au trépas, c'est pour le parti que le ciel favorise, que se décide la victoire. Ce qu'il fallait faire pour vaincre, tous ceux qui ont péri à leur poste l'ont fait; et s'ils ont subi la mort, triste apanage de leur nature, on peut dire qu'ils n'ont fait que céder à la rigueur du destin, sans que leur courage ait cédé aux ennemis. Peut-être les Macédoniens, vainqueurs, ont-ils fait une faute de ne pas entrer aussitôt dans l'Attique; mais il me semble que la bravoure de nos combattans a suffi pour les arrêter. Après avoir éprouvé, dans la mêlée, quels étaient ces vaillans hommes, sans doute ils ne voulaient pas se mesurer de nouveau avec leurs compatriotes, persuadés qu'ils trouveraient des hommes aussi braves, et que peut-être ils ne seraient pas toujours aussi heureux. La paix qui a suivi de près le combat, démontre la vérité de ce que j'avance. Le motif, aussi réel que glo-

C'était dans le but de se faire pardonner sa victoire, plutôt que dans la crainte de rencontrer trop d'obstacles en Attique. Il dominait décidément en Grèce et cela lui suffisait.

3 Ὅτι ταῦτα οὕτως ἔχει, que ces choses ont (elles-mêmes) ainsi, c'est-à-dire, que telle est la vérité.

Οὐ γὰρ ἔνεστιν εἰπεῖν οὔτ᾽ ἀληθεστέραν, οὔτε καλλίω πρόφασιν τοῦ, τῆς τῶν τετελευτηκότων ἀγασθέντα ἀρετῆς τὸν τῶν ἐναντίων κύριον, φίλον γενέσθαι τοῖς ἐκείνων οἰκείοις βούλεσθαι μᾶλλον, ἢ πάλιν τὸν ὑπὲρ τῶν ὅλων [1] κίνδυνον ἄρασθαι. Οἶμαι δ᾽ ἄν, εἴ τις αὐτοὺς τοὺς παραταξαμένους ἐρωτήσειε, πότερ᾽ ἡγοῦνται ταῖς αὐτῶν ἀρεταῖς, καὶ τῇ τοῦ προεστηκότος αὐτῶν ἐμπειρίᾳ καὶ τόλμῃ, ἢ τῇ παραδόξῳ καὶ χαλεπῇ τύχῃ κατωρθωκέναι, οὐδένα οὔτ᾽ ἀναίσχυντον, οὔτε τολμηρὸν οὕτως εἶναι, ὅντιν᾽ ἀντιποιήσεσθαι τῶν πεπραγμένων. Ἀλλὰ μὴν ὑπὲρ ὧν ὁ πάντων κύριος δαίμων, ὡς ἠβούλετο, ἔνειμε τὸ τέλος, πάντας ἀφεῖσθαι κακίας ἀνάγκη τοὺς λοιπούς, ἀνθρώπους γε ὄντας. Περὶ ὧν δ᾽ ὁ τῶν ἐναντίων ἡγεμὼν ὑπερῆρε τοὺς ἐπὶ τούτῳ ταχθέντας, οὐχὶ τοὺς πολλούς, οὔτ᾽ ἐκείνων, οὔθ᾽ ἡμῶν, αἰτιάσαιτ᾽ ἄν τις εἰκότως. Εἰ δ᾽ ἄρα ἐστί τις ἀνθρώπων, ὅτῳ περὶ τούτων ἐγκαλέσαι προσήκει, τοῖς ἐπὶ τούτῳ ταχθεῖσι Θηβαίων [2], οὐχὶ τοῖς πολλοῖς [3], οὔθ᾽ ἡμῶν, οὔτ᾽ ἐκείνων ἐγκαλέσειεν ἄν τις εἰκότως· οἳ δύναμιν λαβόντες ἔχουσαν θυμὸν ἀήττητον καὶ ἀπροφάσιστον, καὶ φιλοτιμίαν ἐφάμιλλον, οὐδενὶ τούτων ὀρθῶς ἐχρήσαντο.

Καὶ τὰ μὲν ἄλλ᾽ ἐστὶ τούτων, ὡς ἕκαστος ἔχει γνώμης, οὕτως ὑπολαμβάνειν. Ὃ δὲ ἅπασιν ὁμοίως ἀνθρώποις τοῖς οὖσι γεγένηται φανερόν, ὅτι ἡ πᾶσα τῆς Ἑλλάδος ἄρα ἐλευθερία ἐν ταῖς τῶνδε τῶν ἀνδρῶν ψυχαῖς διεσώζετο· ἐπειδὴ οὖν ἡ πεπρωμένη τούτους ἀνεῖλεν, οὐδεὶς ἀντέστη τῶν λοιπῶν. Καὶ φθόνος [4] μὲν ἀπείη τοῦ λόγου· δοκεῖ δέ μοί τις ἂν εἰπών,

1 Ὑπὲρ τῶν ὅλων κίνδυνον ἄρασθαι, que de risquer de nouveau toute sa fortune.

2 Ταχθεῖσι Θηβαίων. Voyez l'Argument pour ce passage.

3 Οὐχὶ τοῖς πολλοῖς κ. τ. λ. Il ne faut s'en prendre ni au peuple

rieux pour nous, qui a déterminé le chef des ennemis à nous l'accorder, c'est qu'admirant la valeur des citoyens que nous regrettons, il a mieux aimé devenir l'ami de leurs compatriotes, que de risquer de nouveau toute sa fortune. Qu'on demande aux guerriers qui ont combattu les nôtres, s'ils croient avoir été victorieux par la supériorité de leur courage, ou par une faveur inespérée du sort qui nous a été contraire, et par l'habileté et la hardiesse du prince qui les commandait; aucun d'eux aura-t-il le front de s'attribuer les succès qu'ils ont obtenus? Au reste, dans les malheurs que nous a fait éprouver la fortune, il ne faut accuser de lâcheté, ni les Athéniens, ni leurs alliés; ils sont hommes, et le sort est seul arbitre des événemens. Quant à la supériorité que le général des ennemis a eue sur les Thébains qui lui étaient opposés; sans pouvoir se plaindre ni du peuple d'Athènes, ni de celui de Thèbes, on ne doit s'en prendre qu'aux soldats de cette dernière république, qui, se voyant soutenus par des guerriers animés d'un courage invincible, et enflammés de l'amour de la gloire, n'ont pas su profiter d'un pareil avantage.

Sur le reste, on peut être partagé de sentimens; mais il est un fait évident dont tous les hommes doivent convenir, c'est que la liberté de la Grèce était attachée aux citoyens dont nous célébrons la mémoire; car, dès qu'ils eurent succombé sous la rigueur du sort, les autres Grecs n'opposèrent plus de résistance. Je le dirai en dépit de l'envie, pour rendre hommage à la vérité, leur bravoure était vraiment l'ame de la Grèce. Oui, le souffle

(Οἱ πολλοί) d'Athènes, ni à celui de Thèbes, mais aux soldats de cette dernière république.

4 Καὶ φθόνος μὲν ἀπείη τοῦ λόγου, mot à mot, et que l'envie s'éloigne de mon discours, c'est-à-dire, je le dirai en dépit de l'envie.

ὡς ἡ τῶνδε τῶν ἀνδρῶν ἀρετὴ τῆς Ἑλλάδος ἦν ψυχὴ, τἀληθὲς εἰπεῖν, ἅμα γὰρ τά τε τούτων πνεύματα ἀπηλλάγη τῶν οἰκείων σωμάτων, καὶ τὸ τῆς Ἑλλάδος ἀξίωμα ἀνῄρηται. Μεγάλην μὲν οὖν ἴσως ὑπερβολὴν δόξομεν λέγειν, ῥητέον δ' ὅμως. Ὥςπερ γὰρ, εἴ τις ἐκ τοῦ καθεστηκότος κόσμου τὸ φῶς ἐξέλοι, δυσχερὴς καὶ χαλεπὸς ἅπας ὁ λειπόμενος βίος γένοιτ' ἄν· οὕτω τῶνδε τῶν ἀνδρῶν ἀναιρεθέντων, ἐν σκότει καὶ πολλῇ δυσκλείᾳ πᾶς ὁ προτοῦ ζῆλος τῶν Ἑλλήνων γέγονε.

Διὰ πολλὰ δ' εἰκότως ὄντες τοιοῦτοι, διὰ τὴν πολιτείαν [1] οὐχ ἥκιστα ἦσαν σπουδαῖοι. Αἱ μὲν γὰρ διὰ τῶν ὀλίγων δυναστεῖαι δέος μὲν ἐνεργάζονται τοῖς πολίταις, αἰσχύνην δ' οὐ παριστᾶσιν· ἡνίκα γοῦν ὁ ἀγὼν ἔλθῃ τοῦ πολέμου, πᾶς τις εὐχερῶς ἑαυτὸν σώζει, συνειδὼς, ὅτι, ἐὰν τοὺς κυρίους, ἢ δώροις, ἢ δι' ἄλλης ἡςτινοςοῦν ὁμιλίας, ἐξαρέσηται; κἂν τὰ δεινότατα ἀσχημονήσῃ, μικρὸν ὄνειδος τὸ λοιπὸν αὐτῷ καταστήσεται· αἱ δὲ δημοκρατίαι πολλά τε ἄλλα καὶ καλὰ [καὶ] δίκαια ἔχουσιν, ὧν τὸν εὖ φρονοῦντα ἀντέχεσθαι δεῖ [2], καὶ τὴν παῤῥησίαν, ἐκ τῆς ἀληθείας ἠρτημένην, ἣν οὐκ ἔστιν ἀποτρέψαι τοῦ τἀληθὲς δηλοῦν. Οὔτε γὰρ πάντας ἐξαρέσασθαι τοῖς αἰσχρόν τι ποιήσασι δυνατὸν, οὔτε μόνος ὁ τἀληθὲς ὄνειδος λέγων λυπεῖ. Καὶ γὰρ οἱ μηδὲν ἂν εἰπόντες αὐτοὶ βλάσφημον, ἄλλου γε λέγοντος χαίρουσιν ἀκούοντες. Ἃ φοβούμενοι πάντες, εἰκότως τῇ τῶν μετὰ ταῦτα ὀνειδῶν αἰσχύνῃ, τόν τε προςιόντα ἀπὸ τῶν ἐναντίων κίνδυνον εὐρώστως ὑπέμειναν, καὶ θάνατον καλὸν εἵλοντο μᾶλλον, ἢ βίον αἰσχρόν.

1 *Διὰ τὴν πολιτείαν*, à cause du gouvernement, c'est-à-dire, c'est le gouvernement qui doit être regardé comme la cause....

2 *Ὧν τὸν φρονοῦντα ἀντέχεσθαι δεῖ.* Dont tout homme qui raisonne bien doit sentir l'importance....

qui les animait, ne s'est pas plutôt arrêté, que la dignité de la Grèce a disparu. Ce qui suit paraîtra peut-être une exagération; cependant, il faut le dire : comme le soleil, qui est la vie du monde, ne pourrait retirer aux hommes sa lumière, sans leur faire passer le reste de leurs jours dans la langueur et dans la tristesse; de même le sort qui nous a enlevé les citoyens dont nous honorons la vaillance, a plongé dans l'obscurité et dans le néant la gloire ancienne et l'antique splendeur de la Grèce.

C'est le gouvernement qu'on doit regarder comme la principale cause de la vertu des guerriers que nous venons de perdre. Dans les états où un petit nombre commande, les chefs peuvent bien imprimer la crainte, mais ils ne sauraient inspirer la pudeur. Lors donc que dans une guerre on livre le combat, chacun cherche à sauver sa vie, assuré que si, par des présens et par des soumissions, il parvient à apaiser ses maîtres, eût-il fait les actions les plus lâches, le seul mal qu'il ait à craindre, c'est d'être moins estimé à l'avenir. Un des plus grands avantages de la démocratie, avantage important aux yeux de tout homme qui raisonne, c'est cette liberté qu'ont tous les citoyens de dire ce qu'ils pensent, sans qu'aucune considération les arrête. Quand on a commis une lâcheté, il n'est pas possible de séduire tout un peuple, et l'on se trouve humilié par ceux qui font de justes reproches, comme par ceux qui prennent seulement plaisir à les entendre. Ainsi, tous les citoyens redoutant les affronts qu'ils ne manqueraient pas d'essuyer de la part de leurs compatriotes, soutiennent avec courage les périls de la part des ennemis, et préfèrent une mort glorieuse à une vie déshonorée.

§. 6. *L'orateur, après avoir indiqué les motifs généraux que les guerriers athéniens ont eus d'être braves, détaille les motifs particuliers qui ont dû les animer. Il passe en revue chacune des dix tribus athéniennes, et par d'ingénieuses inductions, il montre tout ce qu'elles pouvaient trouver d'encourageant dans les circonstances de leur origine.*

Ἃ μὲν οὖν κοινῇ πᾶσιν ὑπῆρχε τοῖςδε τοῖς ἀνδράσιν εἰς τὸ καλῶς ἐθέλειν ἀποθνήσκειν, εἴρηται, γένος, παιδεία, χρηστῶν ἐπιτηδευμάτων συνήθεια, τῆς ὅλης πολιτείας ὑπόθεσις. Ἃ δὲ κατὰ φυλὰς [1] παρεκάλεσεν ἑκάστους εὐρώστους εἶναι, ταῦτ' ἤδη λέξω.

Ἤδεσαν ἅπαντες Ἐρεχθεῖδαι [2] τὸν ἐπώνυμον αὐτῶν, Ἐρεχθέα, ἕνεκα τοῦ σῶσαι τὴν χώραν, τὰς αὐτοῦ παῖδας, ἃς Ὑακινθίδας καλοῦσιν, εἰς προῦπτον θάνατον δόντα ἀναλῶσαι. Αἰσχρὸν οὖν ἡγοῦντο, τὸν μὲν ἀπ' ἀθανάτων πεφυκότα, πάντα ποιεῖν ἕνεκα τοῦ τὴν πατρίδα ἐλευθερῶσαι, αὐτοὶ δὲ φανῆναι θνητὸν σῶμα ποιούμενοι περὶ πλείονος, ἢ δόξαν ἀθάνατον.

Οὐκ ἠγνόουν Αἰγεῖδαι [3] Θησέα τὸν Αἰγέως πρῶτον ἰσηγορίαν καταστησάμενον τῇ πόλει. Δεινὸν οὖν ἡγοῦντο τὴν ἐκείνου προδοῦναι προαίρεσιν· καὶ τεθνάναι μᾶλλον ἡροῦντο, ἢ καταλυομένης αὐτῆς παρὰ τοῖς Ἕλλησι ζῆν φιλοψυχήσαντες.

1 Κατὰ φυλάς. La division du peuple athénien en tribus, et surtout le nom même des tribus changea souvent. Cécrops, auteur de cette distribution, n'en établit que quatre (1643 avant J.-C.). Clisthène en porta le nombre à dix (509-508), en y faisant entrer comme citoyens, les habitans des bourgs.

2 Ἐρεχθεῖδαι. Les Erechthéides savaient que... les filles d'Erechthée s'étant dévouées généreusement pour le salut de leur patrie, furent surnommées Hyacinthides, à cause du lieu où elles furent immolées, nommé Hyacinthe. Cet événement eut lieu

§. 6. *L'orateur, après avoir indiqué les motifs généraux que les guerriers athéniens ont eus d'être braves, détaille les motifs particuliers qui ont dû les animer. Il passe en revue chacune des dix tribus athéniennes, et par d'ingénieuses inductions, il montre tout ce qu'elles pouvaient trouver d'encourageant dans les circonstances de leur origine.*

Je viens d'exposer les motifs généraux qui ont porté les citoyens dont nous faisons l'éloge, à mourir avec gloire ; la naissance, l'éducation, l'habitude des exercices honnêtes, la constitution du gouvernement : je vais parler maintenant des motifs particuliers qu'ils ont eus chacun dans leur tribu, pour s'exciter à la valeur.

Tous les Erechthéides savaient qu'Erechthée, qui leur a donné son nom, abandonnant les Hyacinthides ses filles, les avait exposées à une mort certaine pour sauver le pays : lors donc qu'un héros, issu des dieux, avait fait de si grands sacrifices pour délivrer la patrie, ils auraient eu trop à rougir, s'ils avaient craint de sacrifier un corps mortel, pour acquérir une gloire immortelle.

Les Egéides n'ignoraient pas que Thésée, fils d'Egée, avait établi le premier, dans Athènes, l'égalité parmi les citoyens : ils se seraient donc fait un crime de trahir les principes de ce grand homme, et de vivre, après avoir, par un attachement honteux à la vie, laissé détruire la liberté de la Grèce.

dans la guerre d'Eumolpe contre Erechthée qui avait reçu de l'oracle l'ordre de sacrifier ses filles pour obtenir la victoire.

3 Αἰγεῖδαι, les Egéides. De tous les Grecs, les Athéniens restreignirent les premiers les droits de leurs rois. Thésée fut contraint d'abandonner le pouvoir judiciaire et le pouvoir religieux ; il ne se réserva que l'autorité dans la guerre et la garde des lois.

Παρειλήφεσαν Πανδιωνίδαι [1] Πρόκνην καὶ Φιλομήλαν, τὰς Πανδίωνος θυγατέρας, ὡς ἐτιμωρήσαντο Τηρέα διὰ τὴν εἰς αὐτὰς ὕβριν. Οὐ βιωτὸν οὖν ἐνόμιζον αὐτοῖς, εἰ μὴ, συγγενεῖς ὄντες, ὅμοιον φανήσονται τὸν θυμὸν ἔχοντες ἐκείναις, ἐφ᾽ οἷς τὴν Ἑλλάδα ἑώρων ὑβριζομένην.

Ἠκηκόεσαν Λεωντίδαι [2] μυθολογουμένας τὰς Λεωκόρας, ὡς αὑτὰς ἔδοσαν σφάγιον τοῖς πολίταις ὑπὲρ τῆς χώρας. Ὅτε δ᾽ οὖν γυναῖκες ἐκεῖναι τοιαύτην ἔσχον ἀνδρείαν, οὐ θεμιτὸν αὑτοῖς ὑπελάμβανον, χείροσιν, ἀνδράσιν οὖσιν, ἐκείνων φανῆναι.

Ἐμέμνηντο Ἀκαμαντίδαι [3] τῶν ἐπῶν, ἐν οἷς Ὅμηρος ἕνεκα τῆς μητρός φησιν Αἴθρας Ἀκάμαντα εἰς Τροίαν στεῖλαι. Ὁ μὲν οὖν παντὸς ἐπειρᾶτο κινδύνου, τοῦ σῶσαι τὴν ἑαυτοῦ μητέρα ἕνεκα. Οἱ δὲ, τοὺς οἴκοι σύμπαντας γονέας ἕνεκα τοῦ σῶσαι, πῶς οὐκ ἤμελλον πάντα κίνδυνον ὑπομένειν;

Οὐκ ἐλάνθανεν Οἰνεΐδας [4], ὅτι Κάδμου μὲν Σεμέλη, τῆς δὲ υἱὸν ὄντα, ὃν οὐ πρέπον ἐστὶν ὀνομάζειν ἐπὶ τοῦδε τοῦ τάφου, τοῦ δὲ Οἰνεὺς γέγονεν· ὃς ἀρχηγὸς αὐτῶν ἐκαλεῖτο. Κοινοῦ δ᾽ ὄντος ἀμφοτέραις ταῖς πόλεσι τοῦ παρόντος κινδύνου, ὑπὲρ ἀμφοτέρων ἅπασαν ᾤοντο δεῖν ἀγωνίαν ἐκτίναι.

1 Πανδιωνίδαι, les Pandionides. Pandion I, prédécesseur d'Erechthée, fut père de Progné et de Philomèle. Il fit avec succès la guerre à Labdacus, roi de Béotie, et maria sa fille Progné à Térée, roi de Thrace, qui l'avait secouru dans cette guerre. La Fable (v. ma Mythologie § 176) a raconté les mauvais traitemens que Terée fit souffrir à Philomèle et la vengeance que les deux sœurs en tirèrent.

2 Λεωντίδαι, les Léontides. — Le mot Léocores signifie fille de Léos; c'était un citoyen d'Athènes, qui, dans un temps de calamité publique, avait dévoué ses trois filles pour le salut de la patrie.

Les Pandionides, qui avaient appris comment Procné et Philomèle, filles de Pandion, s'étaient vengées des outrages que leur avait fait Térée, se seraient jugés indignes de vivre, si, leur étant unis par le sang, ils n'eussent pas été animés du même esprit, à la vue des outrages qu'on faisait à la Grèce.

Célèbres dans la fable, les Léocores s'étaient immolées comme des victimes pour le pays : les Léontides avaient entendu parler de cette générosité ; ils ne pensaient pas qu'il fût permis à des hommes de montrer moins de courage que n'en avaient montré des femmes.

Les Acamantides se rappelaient ces vers où Homère dit qu'Acamas se rendit à Troie par tendresse pour Phèdre dont il tenait le jour : mais lorsque ce héros avait bravé tous les dangers pour sauver sa mère, comment ses descendans n'auraient-ils pas affronté tous les périls pour sauver tous leurs parens ensemble, qui étaient restés à Athènes!

Les OEnéides ne pouvaient ignorer que Sémélé était fille de Cadmus, qu'elle avait pour fils un dieu qu'il ne convient pas de nommer dans une cérémonie funèbre, et que ce dieu était père d'OEnée, chef de leur race ; à la vue du péril qui pressait également les deux républiques, ils n'ont pas craint de soutenir pour toutes les deux les combats les plus rudes.

3 'Ακαμαντίδαι. Les Acamantides. — Acamas, fils de Thésée et de Phèdre, était petit-fils d'Æthra qui avait suivi Hélène. Il alla au siége de Troie et fut un de ceux qui s'enfermèrent dans le cheval de bois. A son retour à Athènes, il donna son nom à la tribu Acamantide.

4 Οἰνείδας, les OEnéides. — Cadmus, parti vers 1580 de la Basse Egypte ou de la Phénicie, aborda en Béotie et bâtit Cadmée, citadelle de Thèbes. — Sémélé eut de Jupiter un dieu ; c'est Bacchus, père d'OEnée.

Ἤδεσαν Κεκροπίδαι [1] τὸν ἑαυτῶν ἀρχηγὸν, τὰ μὲν ὡς ἔστι δράκων, τὰ δ᾽ ὡς ἔστιν ἄνθρωπος λεγόμενον οὐκ ἄλλοθέν ποθεν, ἢ τῷ τὴν σύνεσιν αὐτὸν προσομοιοῦν ἀνθρώπῳ, τὴν ἀλκὴν δὲ δράκοντι. Ἄξια δὴ τούτων πράττειν ὑπελάμβανον αὑτοῖς προσήκειν.

Ἐμέμνηντο Ἱπποθοωντίδαι [2] τῶν Ἀλώπης γάμων, ἐξ ὧν Ἱπποθόων ἔφυ, καὶ τὸν ἀρχηγὸν ᾔδεσαν· ὧν, τὸ πρέπον φυλάττων ἐγὼ τῷδε τῷ καιρῷ, τὸ σαφὲς εἰπεῖν ὑπερβαίνω. Ἄξια δὴ τούτων ᾤοντο δεῖν προσήκειν ποιοῦντες ὀφθῆναι.

Οὐκ ἐλάνθανεν Αἰαντίδας [3], ὅτι τῶν ἀριστείων στερηθεὶς Αἴας, ἀβίωτον ἑαυτῷ ἡγήσατο τὸν βίον. Ἡνίκ᾽ οὖν ὁ δαίμων ἄλλῳ τἀριστεῖα ἐδίδου, τότε τοὺς ἐχθροὺς ἀμυνόμενοι, τεθνάναι δεῖν ᾤοντο, ὥστε μηδὲν ἀνάξιον αὑτῶν παθεῖν.

Οὐκ ἠμνημόνουν Ἀντιοχίδαι [4] Ἡρακλέους ὄντα Ἀντίοχον. Δεῖν οὖν ἡγήσαντο, ἢ ζῆν ἀξίως τῶν ὑπαρχόντων, ἢ τεθνάναι καλῶς.

1 Κεκροπίδαι, les Cécropides. — Cécrops, originaire d'Egypte, vint s'établir avec une colonie (1643) dans l'Attique qu'il appela Cécropie. Il bâtit une partie des douze bourgades dont Athènes devint plus tard la capitale, importa dans l'Attique le plant de l'olivier et l'art d'en extraire l'huile, apprit à nourrir les troupeaux de bœufs, institua les mariages et les sépultures, régla le culte des dieux, institua le tribunal de l'Aréopage et remplaça les habitudes de la vie sauvage ou le règne du plus fort par les habitudes de la civilisation ou le règne de la justice. Il est représenté comme un monstre moitié homme, moitié serpent, soit parce qu'il fit des réglemens sur l'union légitime de l'homme et de la femme, soit parce qu'il commandait à deux peuples (les colons Egyptiens et les Athéniens), soit enfin parce qu'il parlait deux langues.

2 Ἱπποθοωντίδαι, les Hippothoontides. — Hippothoon était fils de Neptune et d'Alope, fille de Cercyon, roi d'Eleusis. Il

Cécrops, roi d'Athènes, a passé pour avoir été à la fois homme et dragon, sans doute parce qu'il avait toute la force du dragon, et toute la sagesse de l'homme : aussi les Cécropides se sont-ils fait une règle de faire revivre les grandes qualités de leur premier auteur.

Hyppothoon, chef de la race des Hyppothoontides, était né du mariage d'Alope; la circonstance ne me permet pas d'entrer à ce sujet dans aucun détail; les descendans d'Hyppothoon n'ont pu se permettre de rien faire d'indigne de leur premier ancêtre.

Les Aiantides étaient instruits qu'Ajax, frustré du prix de la valeur, avait regardé la vie comme insupportable : animés des mêmes sentimens, voyant que le prix de la valeur était décerné à un autre par la Fortune, ils n'ont pas balancé à attaquer l'ennemi et à affronter la mort pour se garantir de tout opprobre.

Les Antiochides, n'ayant pu oublier qu'Antiochus était fils d'Hercule, se sont persuadés qu'ils devaient vivre sans déshonorer la gloire de leurs ancêtres, ou mourir glorieusement.

fut exposé dans les bois par sa mère qui crut ainsi cacher sa faute. Mais sa honte étant devenue publique, Cercyon la fit mourir. Neptune la changea en fontaine et fit allaiter son fils par une jument. Des bergers, témoins de ce prodige, le portèrent dans leurs cabanes, où ils l'élevèrent. Hippothoon, devenu grand, fut rétabli par Thésée sur le trône de son aïeul.

3 Αἰαντίδας, les Aiantides. — On sait qu'Ajax, ayant disputé à Ulysse les armes d'Achille, ne put survivre à la honte de voir ces armes adjugées à son rival.

4 Ἀντιοχίδαι, les Antiochides. — Antiochus, fils d'Hercule et de Médée, s'établit à Athènes après l'expulsion des Héraclides du Péloponnèse. On donna son nom à une des tribus de l'Attique.

§. 7. *Dans la péroraison, l'orateur offre des motifs de consolation aux parens des guerriers dont il vient de faire l'éloge. Il les tire de leur gloire, du bonheur dont ils jouissent dans les Champs-Elysées, des honneurs funèbres que la patrie leur accorde et de l'éclat qui en rejaillit sur leurs parens.*

Οἱ μὲν οὖν ζῶντες οἰκεῖοι τούτων, ἐλεεινοὶ, τοιούτων ἀνδρῶν ἐστερημένοι, καὶ συνηθείας πολλῆς καὶ φιλανθρώπου διεζευγμένοι, καὶ τὰ τῆς πατρίδος πράγματ' ἔρημα, καὶ δακρύων καὶ πένθους πλήρη. Οἱ δὲ εὐδαίμονες τῷ δικαίῳ λογισμῷ πρῶτον μὲν ἀντὶ μικροῦ χρόνου [1], πολὺν, καὶ τὸν ἅπαντα, εὔκλειαν ἀγήρων καταλείπουσιν, ἐν ᾗ καὶ παῖδες οἱ τούτων ὀνομαστοὶ γραφήσονται, καὶ γονεῖς οἱ τούτων περίβλεπτοι γηροτροφήσονται, παραψυχὴν τῷ πένθει τὴν τούτων εὔκλειαν ἔχοντες. Ἔπειτα νόσων ἀπαθεῖς τὰ σώματα, καὶ λυπῶν ἄπειροι τὰς ψυχὰς, ἃς ἐπὶ τοῖς συμβεβηκόσιν οἱ ζῶντες ἔχουσιν, ἐν μεγάλῃ τιμῇ καὶ πολλῷ ζήλῳ τῶν νομιζομένων τυγχάνουσιν. Οὓς γὰρ ἅπασα μὲν ἡ πατρὶς θάπτει δημοσίᾳ, κοινῶν δ' ἐπαίνων μόνοι τυγχάνουσι, ποθοῦσι δ' οὐ μόνον οἱ συγγενεῖς καὶ πολῖται, ἀλλὰ καὶ πᾶσα, ὅσην Ἑλλάδα χρὴ προσειπεῖν· συμπεπένθηκε δὲ καὶ τῆς οἰκουμένης [2] τὸ πλεῖστον μέρος, πῶς οὐ χρὴ τούτους εὐδαίμονας νομίζεσθαι; οὓς παρέδρους εἰκότως ἄν τις φήσαι τοῖς κάτω θεοῖς εἶναι, τὴν αὐτὴν τάξιν ἔχοντας τοῖς προτέροις ἀγαθοῖς ἀνδράσιν ἐν μακάρων νήσοις [3]. Οὐ γὰρ

1 Ἀντὶ μικροῦ χρόνου, κ. τ. λ. Le sacrifice d'une vie courte leur vaut une gloire immortelle, qui, se perpétuant d'âge en âge, rejaillira et sur leurs enfans dont elle animera l'ardeur, et sur leurs parens dont elle consolera la vieillesse.

2 Τῆς οἰκουμένης, sous-entendu γῆς, de la terre habitée, c'est-à-dire, de la terre habitable.

3 Ἐν μακάρων νήσοις, dans les îles des Heureux, c'est-à-dire,

§. 7. *Dans la péroraison, l'orateur offre des motifs de consolation aux parens des guerriers dont il vient de faire l'eloge. Il les tire de leur gloire, du bonheur dont ils jouissent dans les Champs-Elysées, des honneurs funèbres que la patrie leur accorde et de l'éclat qui en rejaillit sur leurs parens.*

Privés de tels hommes, arrachés à une société dont ils s'étaient fait une douce habitude, les parens et les amis qui survivent, sont, sans doute, dignes de compassion; mère désolée, affligée de la perte de ses enfans, la patrie est dans un état de deuil et de larmes; mais nos guerriers morts dans le combat, doivent être estimés heureux au jugement de la raison et de l'honneur. Le sacrifice d'une vie courte leur vaut une gloire immortelle qui, se perpétuant d'âge en âge, rejaillira, et sur leurs enfans, dont elle animera l'ardeur, et sur leurs parens, dont elle consolera la vieillesse. Délivrés pour toujours des maladies qui assiègent les mortels, et des chagrins auxquels nous livre le malheur que nous venons d'éprouver, ils obtiennent de magnifiques et honorables funérailles. Des hommes que la patrie, à ses dépens, honore d'un tombeau, à qui seuls on accorde des éloges publics, qui sont pleurés et regrettés par leurs concitoyens, par tout ce qui s'appelle Grecs, et même par la plus grande partie de la terre habitable; de tels hommes ne doivent-ils pas être regardés comme heureux? On peut dire avec vérité que, dans les Champs-Elysées, ils sont assis près des Immortels, maîtres de ce séjour, au même rang que ces personnages célèbres distingués jadis par leur vertu. On ne nous a point rapporté, comme

dans les îles Fortunées (îles Canaries), dans la mer Atlantique, à l'ouest de la Maurétanie. Les Anciens, selon Plutarque, plaçaient dans ces îles les Champs-Elysées. Il y régnait un printemps éternel, et la terre produisait d'elle-même les fleurs et les fruits à la fois.

ἰδὼν τις οὐδὲ περὶ ἐκείνων ταῦτ' ἀπήγγελκεν, ἀλλ', οὓς οἱ ζῶντες ἀξίους ὑπειλήφαμεν τῶν ἄνω τιμῶν, τούτους, τῇ δόξῃ καταμαντευόμενοι, κἀκεῖ τῶν αὐτῶν τιμῶν ἡγούμεθ' αὐτοῖς τυγχάνειν.

Ἔστι μὲν οὖν ἴσως χαλεπὸν, τὰς παρούσας συμφορὰς λόγῳ κουφίσαι· δεῖ δ' ὅμως πειρᾶσθαι, καὶ πρὸς τὰ παρηγοροῦντα τρέπειν τὴν ψυχὴν, ὡς τοὺς τοιούτους ἄνδρας γεγονότας αὐτοὺς, καὶ πεφυκότας ἐκ τοιούτων ἑτέρων, καλόν ἐστι τὰ δεινὰ εὐσχημονέστερον τῶν ἄλλων φέροντας ὁρᾶσθαι, καὶ, πάσῃ τύχῃ χρωμένους [1], ὁμοίους εἶναι. Καὶ γὰρ ἐκείνοις ταῦτ' ἂν εἴη μάλιστ' ἐν κόσμῳ καὶ τιμῇ, καὶ πάσῃ τῇ πόλει καὶ τοῖς ζῶσι ταῦτ' ἂν ἐνέγκοι πλείστην εὐδοξίαν. Χαλεπὸν πατρὶ καὶ μητρὶ παίδων στερηθῆναι, καὶ ἐρήμοις εἶναι τῶν οἰκειοτάτων γηροτρόφων. Σεμνὸν δέ γε ἀγήρως τιμὰς, καὶ μνήμην ἀρετῆς δημοσίᾳ κτησαμένους ἐπιδεῖν, καὶ θυσιῶν, καὶ ἀγώνων ἠξιωμένους ἀθανάτων. Λυπηρὸν παισὶν ὀρφανοῖς γεγενῆσθαι πατρός· καλὸν δέ γε κληρονομεῖν πατρῴας εὐδοξίας. Καὶ τοῦ μὲν λυπηροῦ τούτου [2] τὸν δαίμονα αἴτιον εὑρήσομεν ὄντα, ᾧ φύντας ἀνθρώπους εἴκειν ἀνάγκη· τοῦ δὲ τιμίου καὶ καλοῦ, τὴν τῶν ἐθελησάντων καλῶς ἀποθνήσκειν αἵρεσιν.

Ἐγὼ μὲν οὖν οὐχ ὅπως πολλὰ λέξω, τοῦτ' ἐπεσκεψάμην, ἀλλ' ὅπως τἀληθῆ Ὑμεῖς δὲ ἀποδυράμενοι, καὶ τὰ προσήκοντα, ὡς χρὴ, καὶ νόμιμα ποιήσαντες, ἄπιτε.

1 Πάσῃ τύχῃ χρωμένους, *quâlibet fortunâ usos.* Dans toutes les situations où la fortune les place. — Ὁμοίους εἶναι, ils doivent être égaux, c'est-à-dire, ils doivent montrer un esprit égal.

2 Καὶ τοῦ μὲν λυπηροῦ τούτου....Ce qu'il y a de triste dans les événemens, imputons-le à la fortune, etc.

ΤΕΛΟΣ.

les ayant vus, les honneurs dont jouissent ces anciens héros ; mais tout nous porte à croire que ceux qui ont mérité d'être honorés sur la terre après leur trépas, le sont encore de même dans les enfers.

Peut-être est-il difficile d'adoucir par de simples paroles le sort d'infortunés mortels : essayons néanmoins d'offrir quelques consolations à des cœurs affligés. Quiconque descend d'aïeux magnanimes, et a donné le jour à des fils généreux, doit supporter les disgrâces avec une constance peu commune, et montrer un esprit égal dans toutes les situations. Ces sentimens feront honneur aux citoyens morts et à toute la ville, en même temps que les parens qui survivent y trouveront leur gloire. Sans doute il est douloureux pour un père et une mère d'avoir perdu des enfans chéris, et de se voir privés des plus doux appuis de leur vieillesse ; mais est-il une satisfaction plus noble que de voir l'état célébrer la mémoire de leur courage par des honneurs immortels, par des jeux et par des sacrifices ? Il est malheureux pour des enfans de devenir orphelins ; mais combien n'est-il pas glorieux d'hériter de la célébrité de son père ! Ce qu'il y a de triste dans les événemens, imputons-le à la fortune sous qui tout mortel doit plier : ce qu'il y a de grand et d'honorable, soyons persuadés que nous le devons à la vaillance de nos illustres morts.

Je viens de célébrer ces héros, j'ai rendu hommage à la vérité, sans chercher à briller par de pompeux discours ; vous, Athéniens, après avoir donné des pleurs aux guerriers dont nous avons fait l'éloge, et leur avoir rendu les derniers devoirs, retirez-vous chacun dans vos maisons.

FIN.

ON TROUVE A LA MÊME LIBRAIRIE

LE TEXTE GREC DES OUVRAGES SUIVANS :

DÉMOSTHÈNE. Harangue sur la Chersonèse et sur la Paix.
——— Harangue sur la Couronne ou pour Ctésiphon.
——— Harangue sur la Fausse Ambassade.
——— Harangue sur l'Halonèse.
——— Harangue pour la Liberté des Rhodiens.
——— Harangue sur Leptine.
——— Harangue pour les Mégalopolitains.
——— Lettre de Philippe et réponse de Démosthène.
——— Olynthiennes (les trois).
——— Oraison funèbre des Guerriers morts à Chéronée.
——— Philippiques (les quatre).

ESCHINE. Harangue contre Ctésiphon ou sur la Couronne.
——— Harangue sur la Fausse Ambassade.

ISOCRATE. Discours d'Archidamus.
——— Discours à Démonique.
——— Discours à Nicoclès (*de regno*).
——— Discours de Nicoclès à son peuple (*de civium erga regem officio*).
——— Discours sur la Paix, ou le Symmachique.
——— Eloge d'Evagoras.
——— Eloge d'Athènes, ou le Panégyrique.

LUCIEN. Calomnie (de la), contre la délation et les délateurs.
——— Charon, ou les Contemplateurs.
——— Dialogues des Morts.
——— Eloge de Démosthène.
——— Eloge de la Mouche.
——— Gens de lettres (des) à la solde des grands.
——— Jugement des voyelles.
——— Manière (de la) d'écrire l'histoire.
——— Songe (le), ou le Coq, dialogue.
——— Songe (le), ou la Vie de Lucien.
——— Timon, ou le Misanthrope, dialogue.
——— Toxaris, ou de l'Amitié.

PLATON. Alcibiade I, ou de la Nature de l'homme.
——— Alcibiade II, ou de la Prière.
——— Apologie de Socrate.
——— Criton, dialogue.
——— Euthyphron, dialogue.
——— Ion, dialogue.
——— Ménexène, ou l'Oraison funèbre.
——— Phédon, ou de l'Immortalité de l'âme.
——— Théagès et Ménon.

www.ingramcontent.com/pod-product-compliance
Ingram Content Group UK Ltd.
Pitfield, Milton Keynes, MK11 3LW, UK
UKHW032017260826
14628UKWH00006B/2527

9 782013 067805